VIEJOS MOLINOS
LIBRO PARA COLOREAR

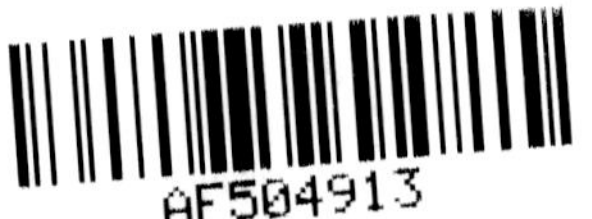

ESTE LIBRO PERTENECE A

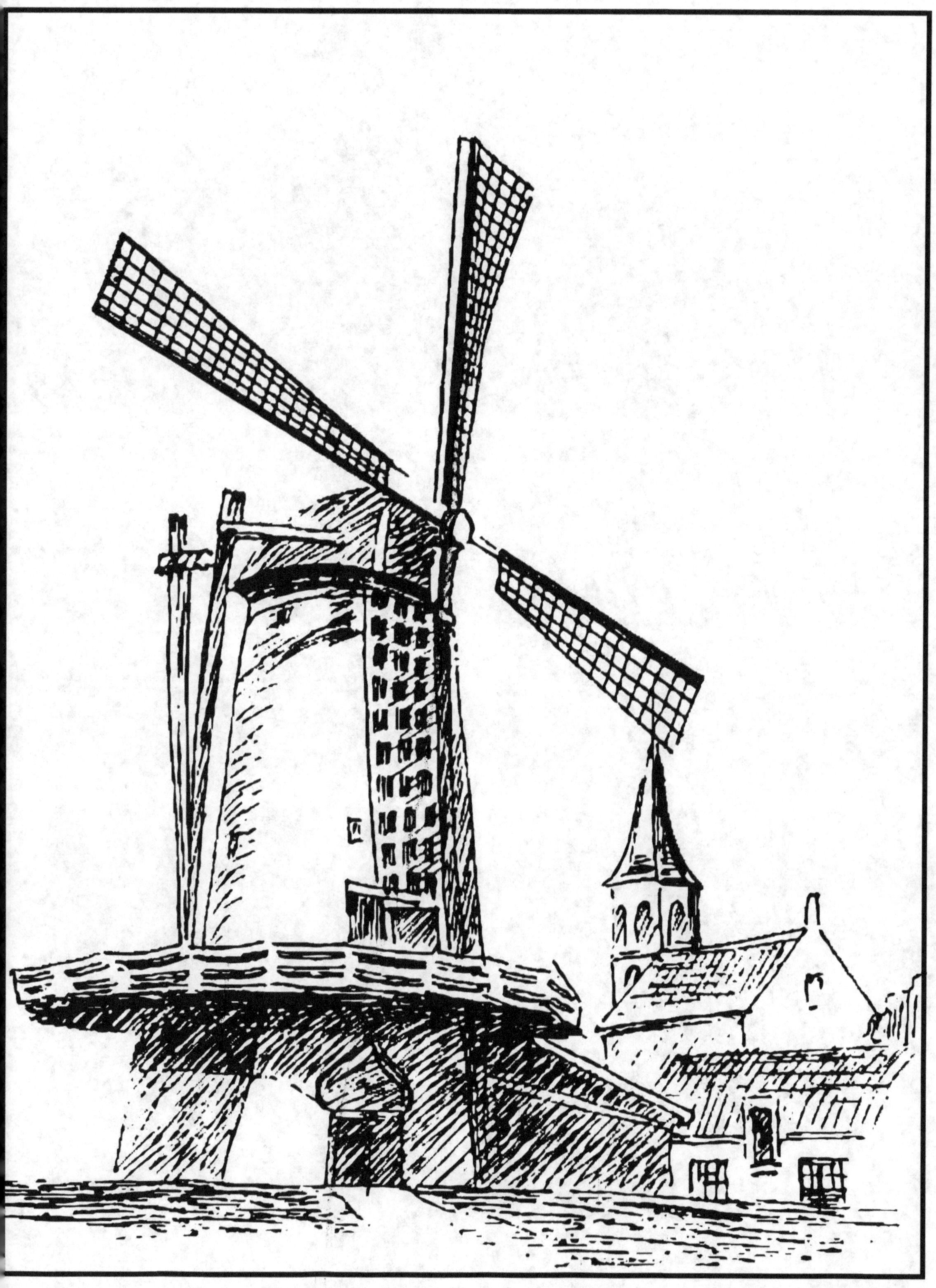

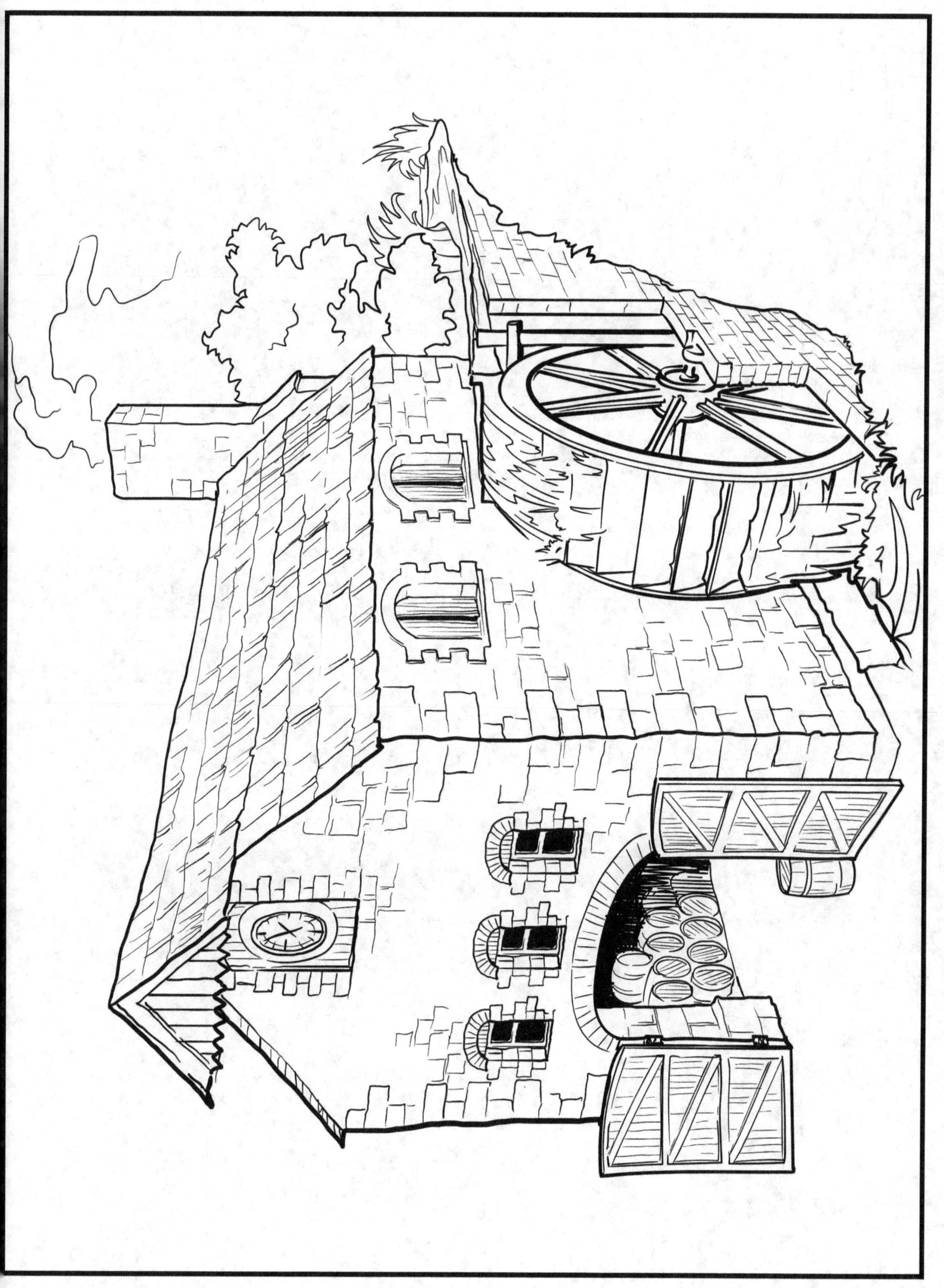

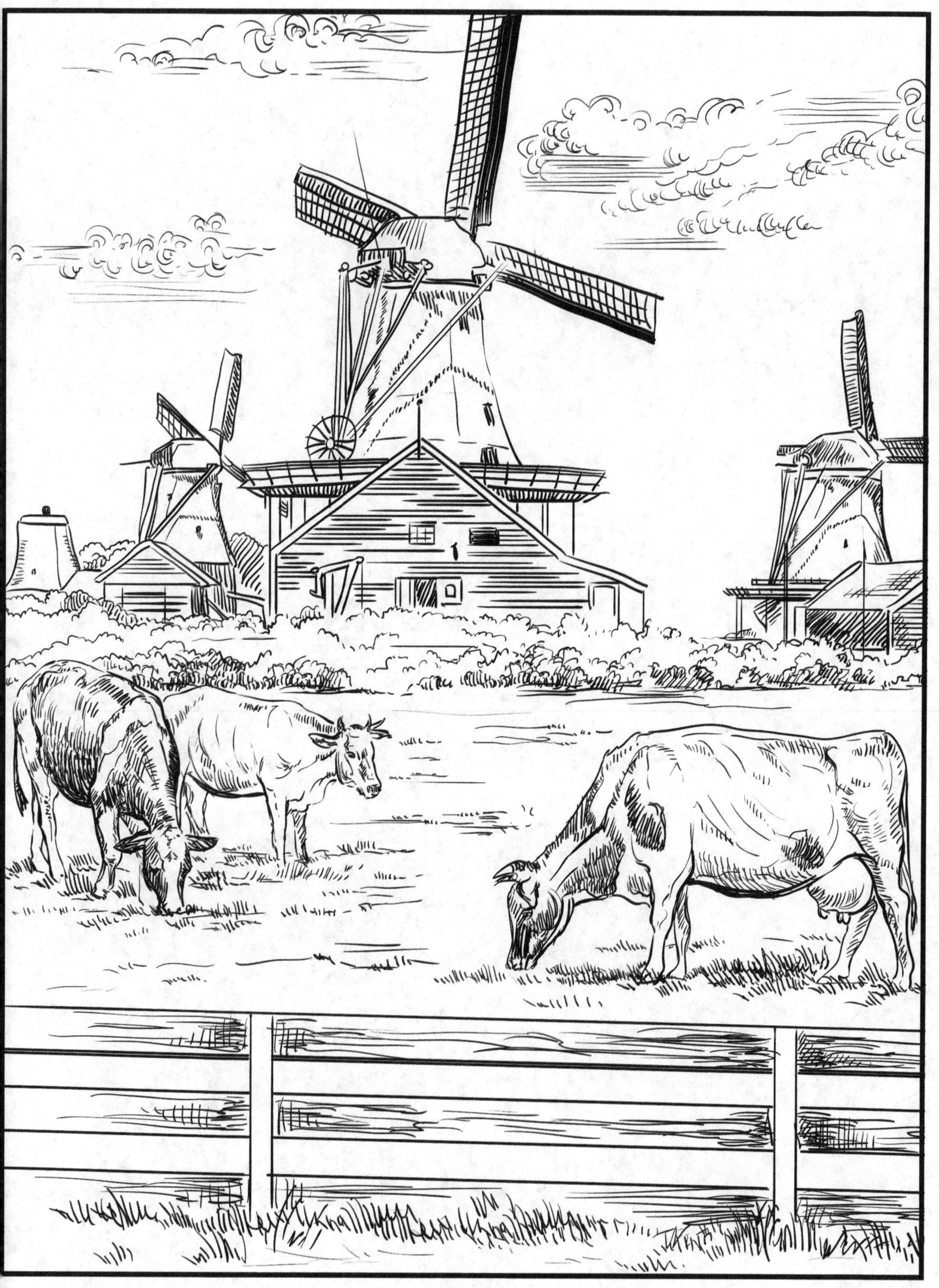

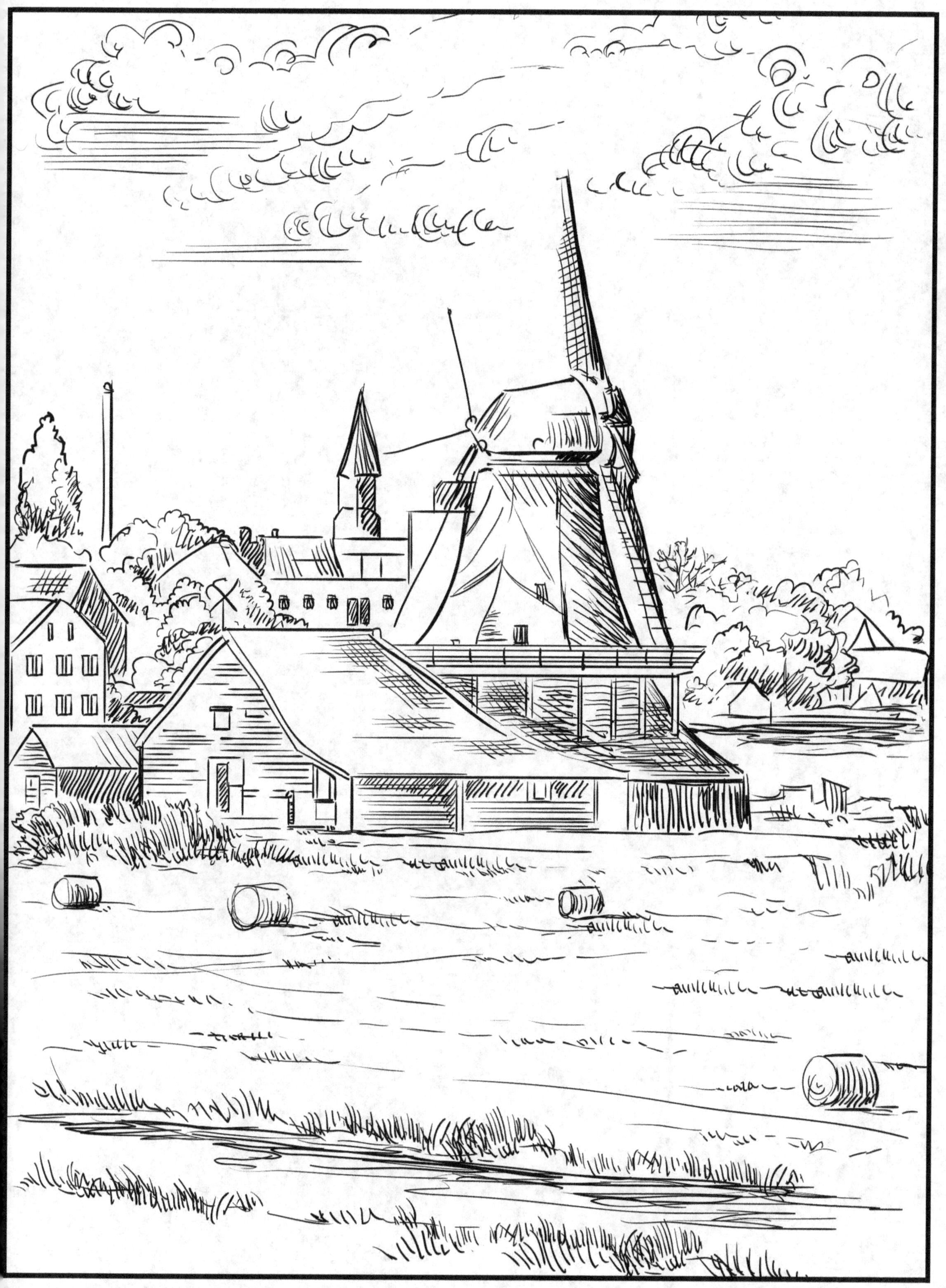

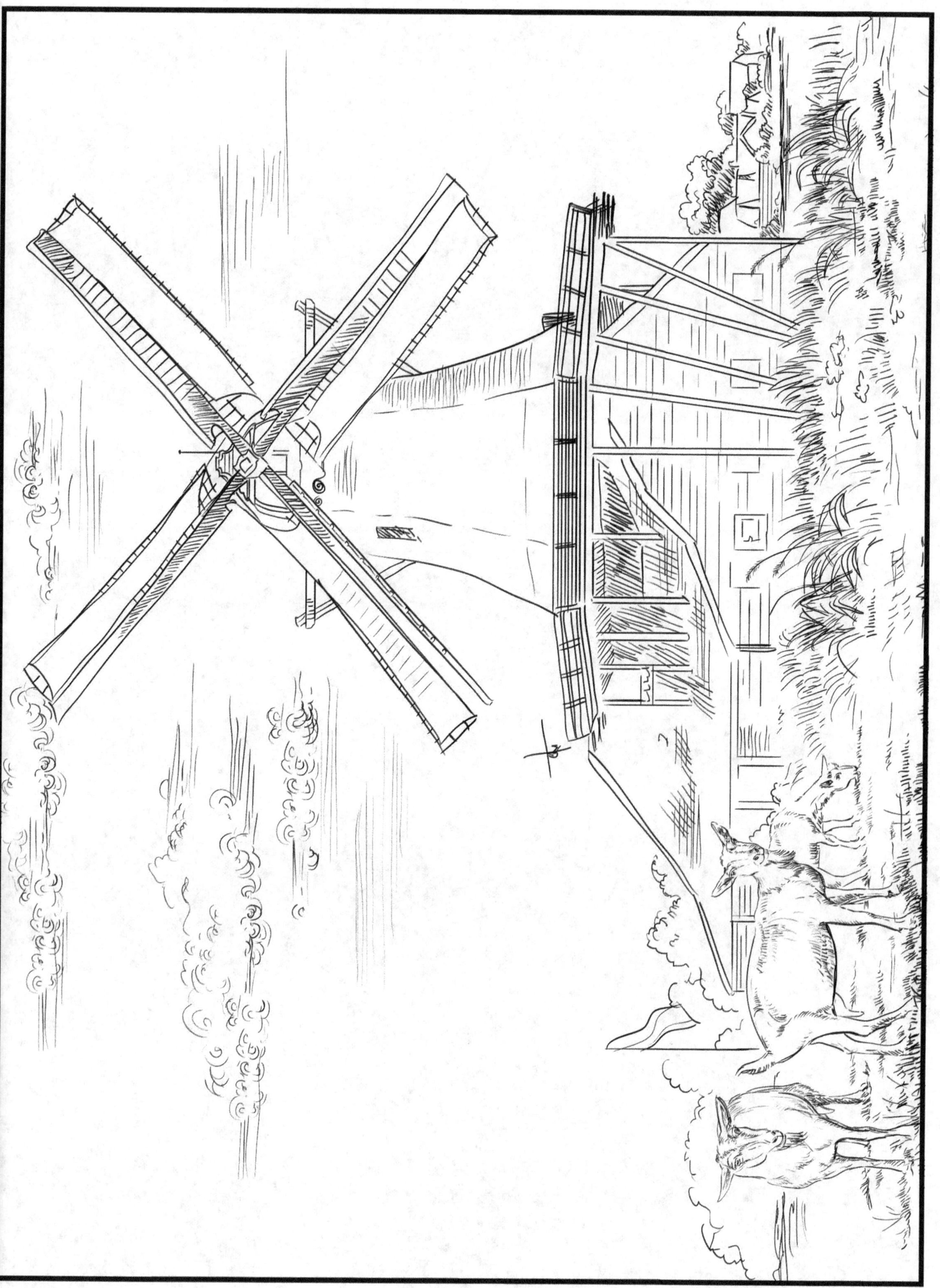

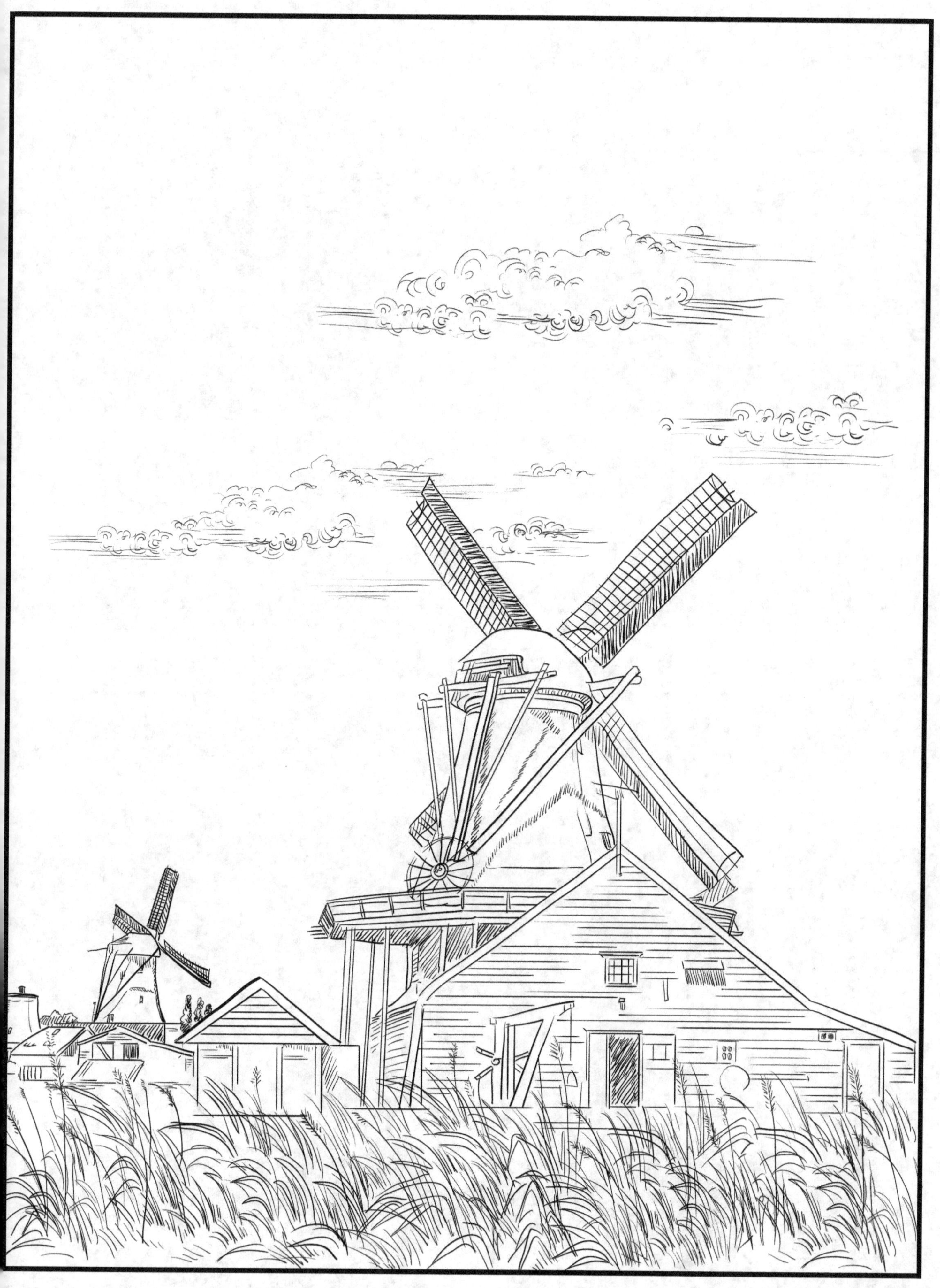

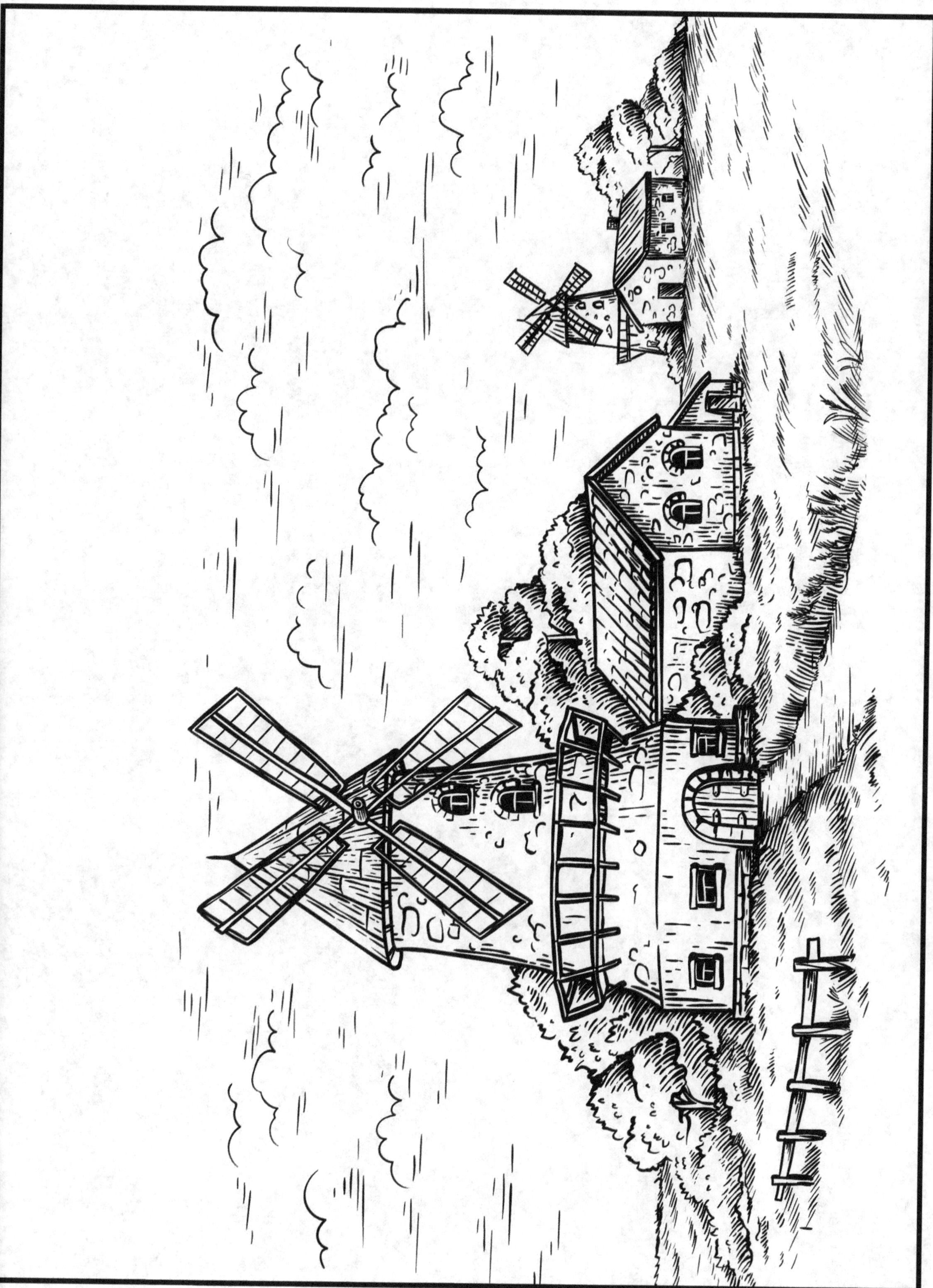

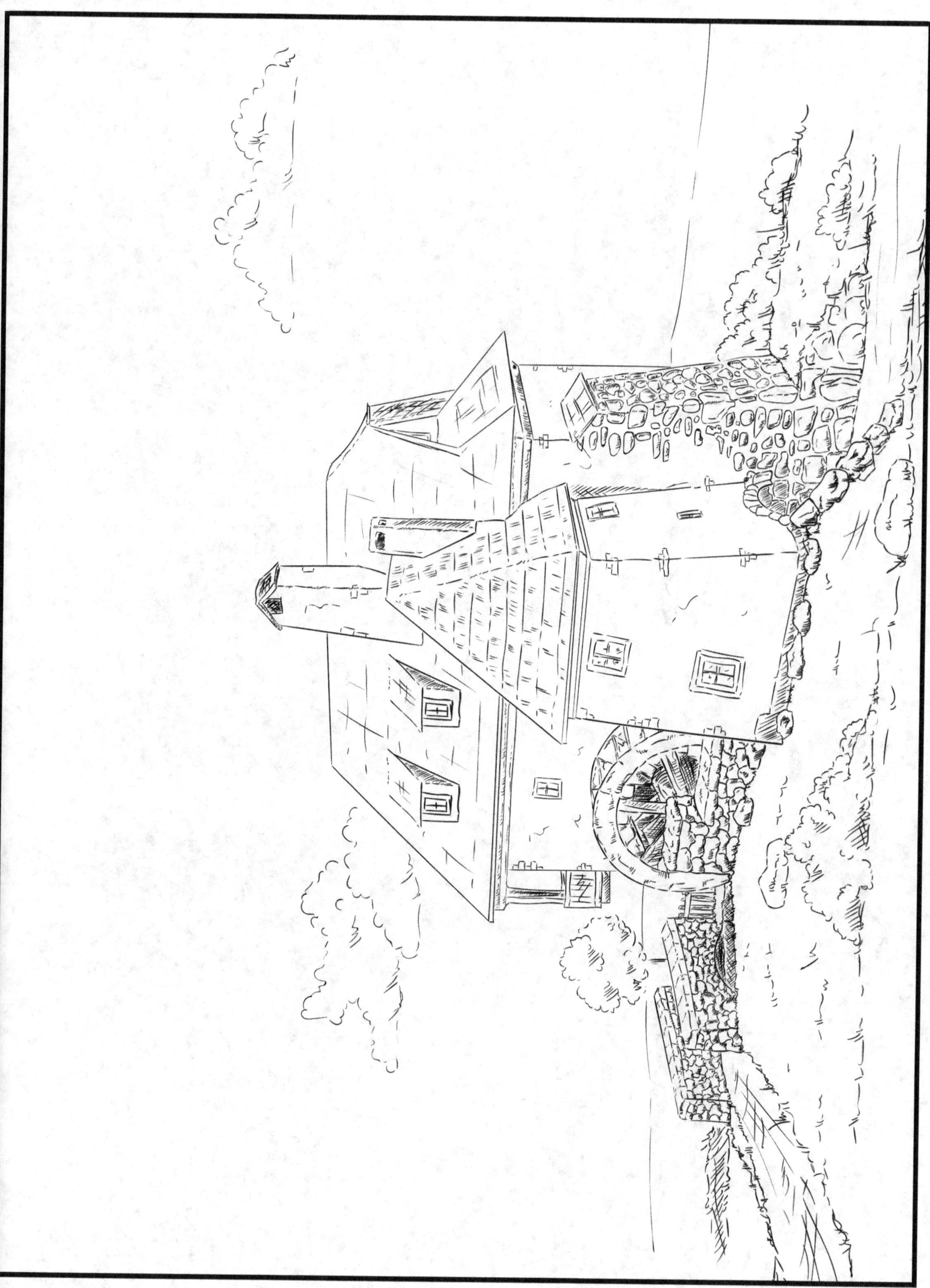

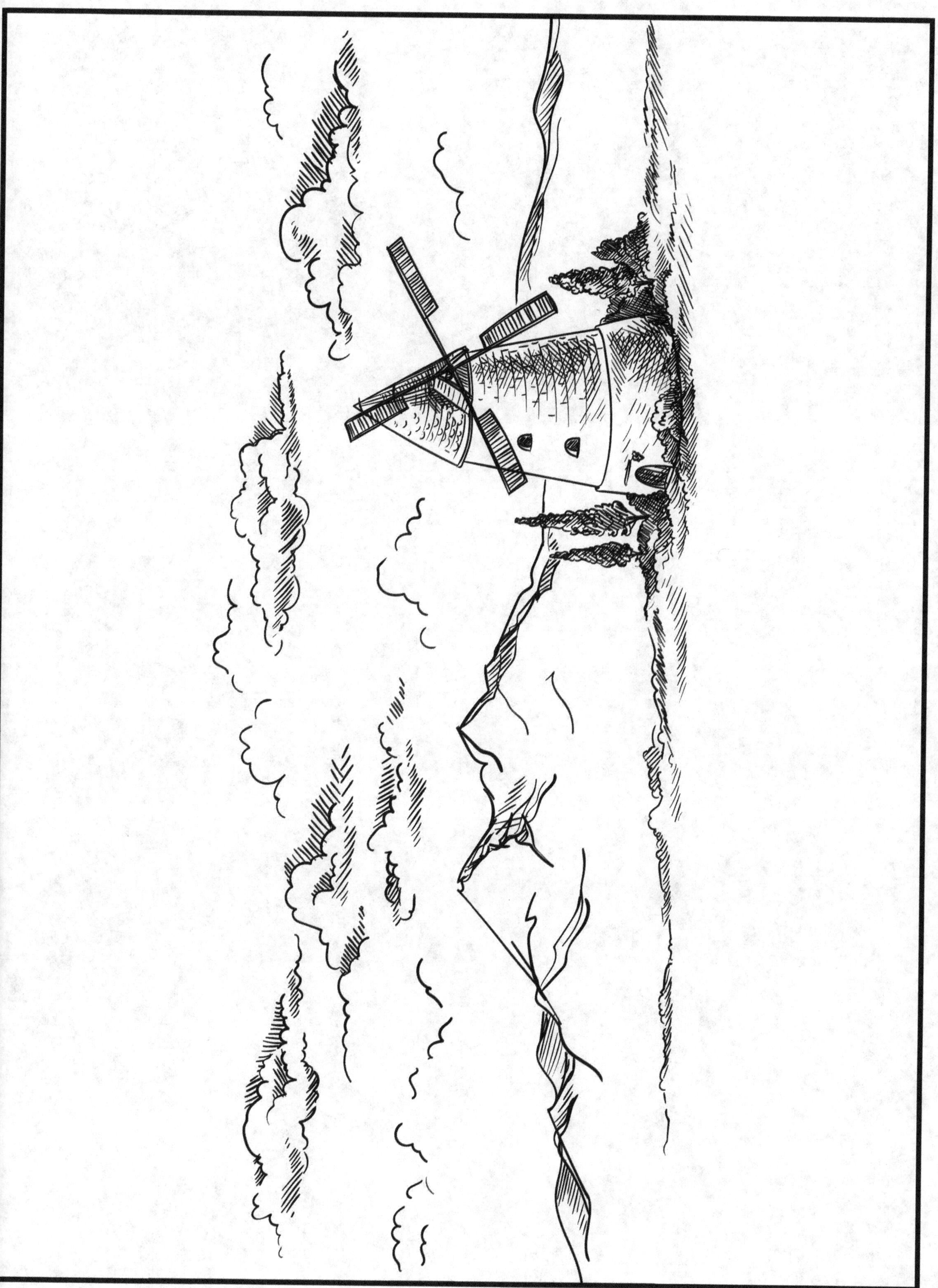

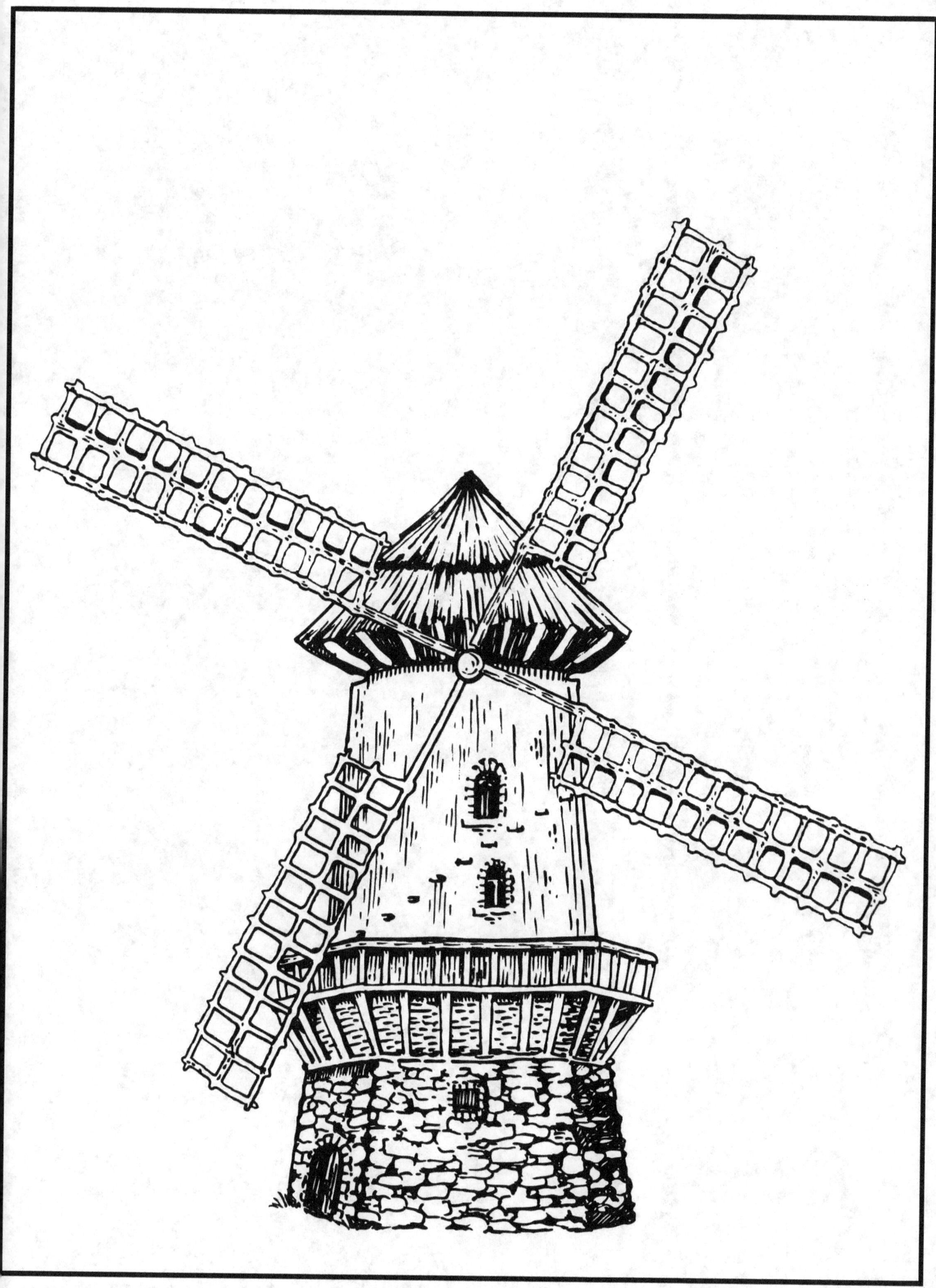

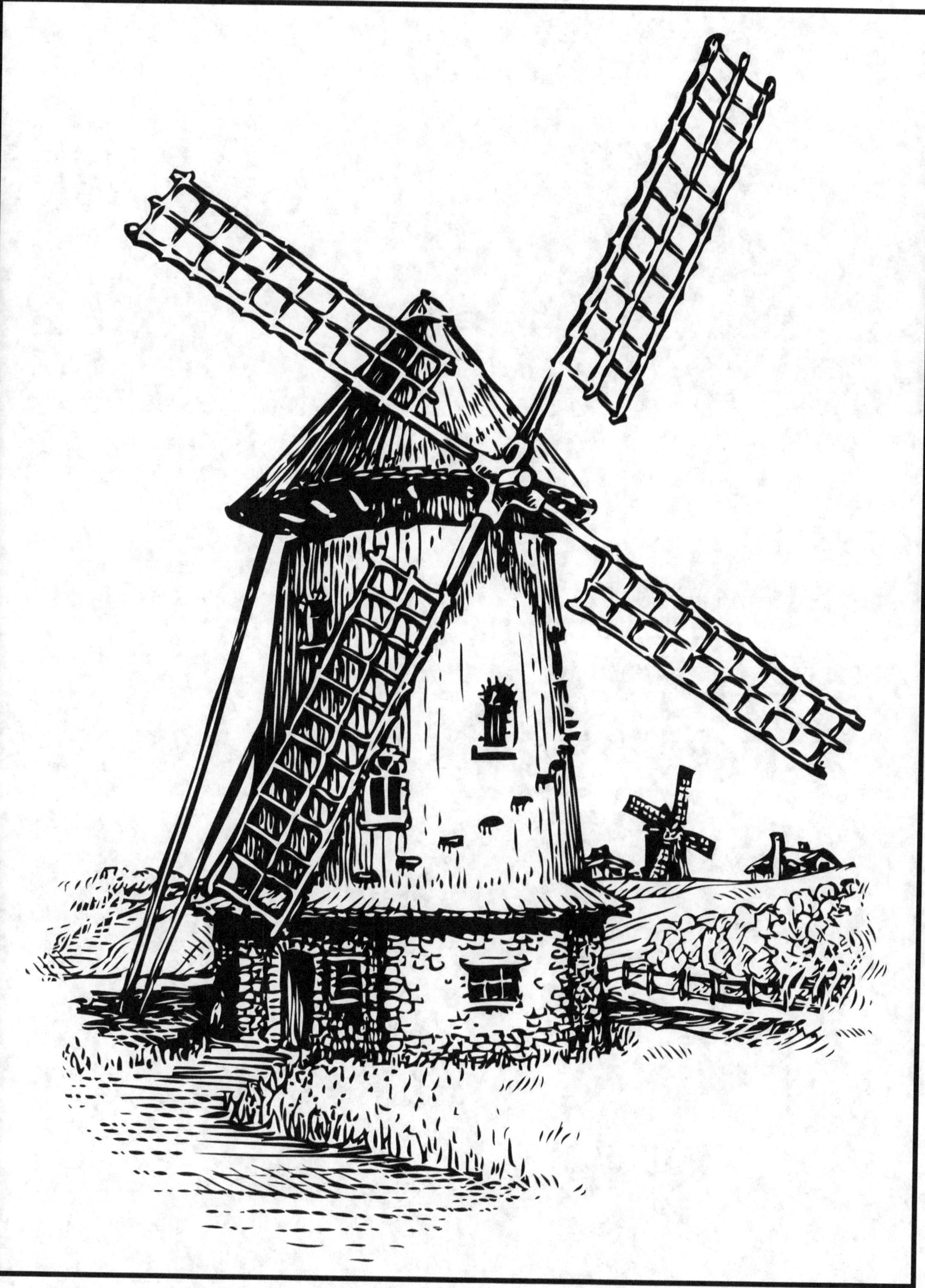

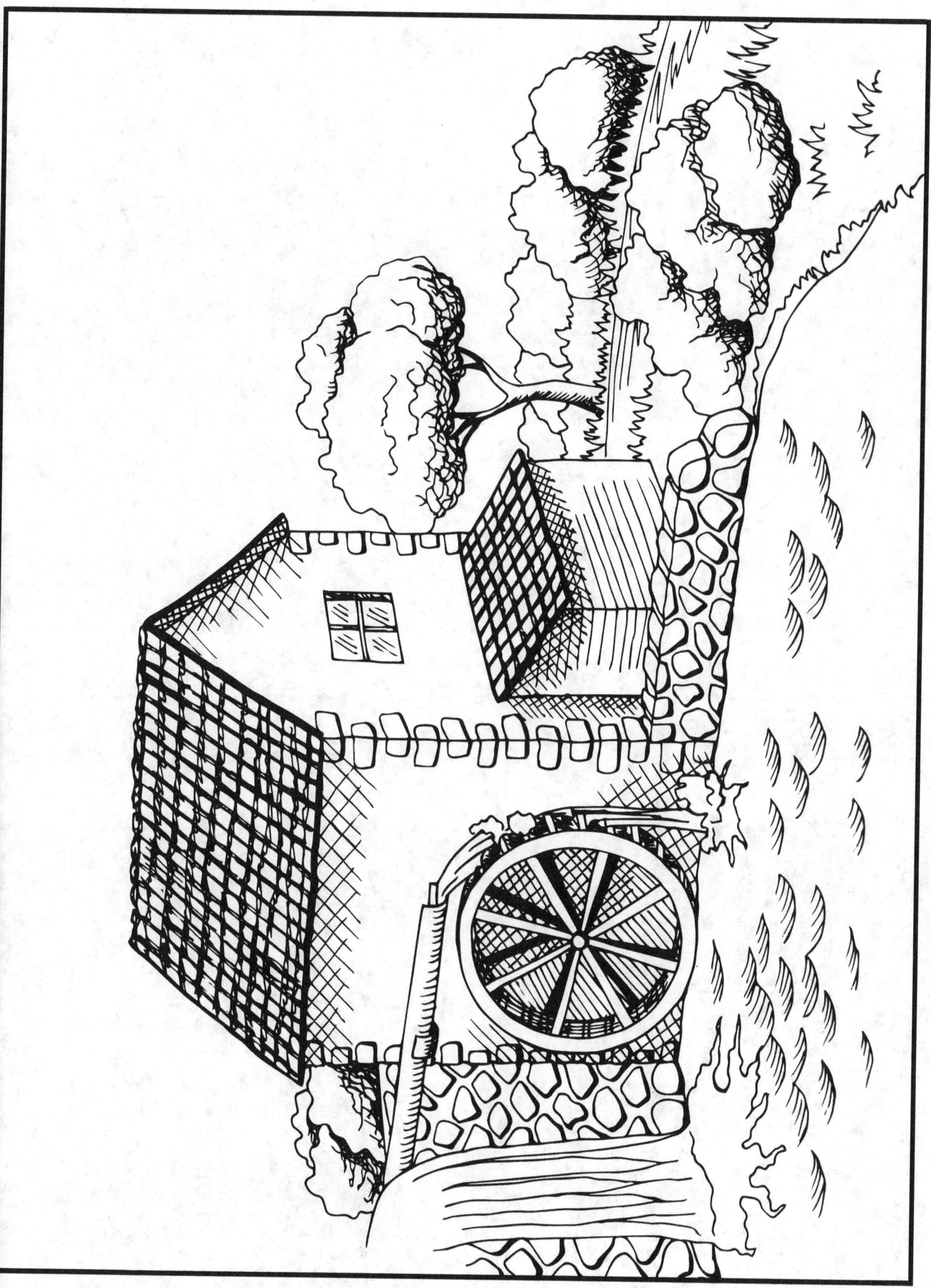

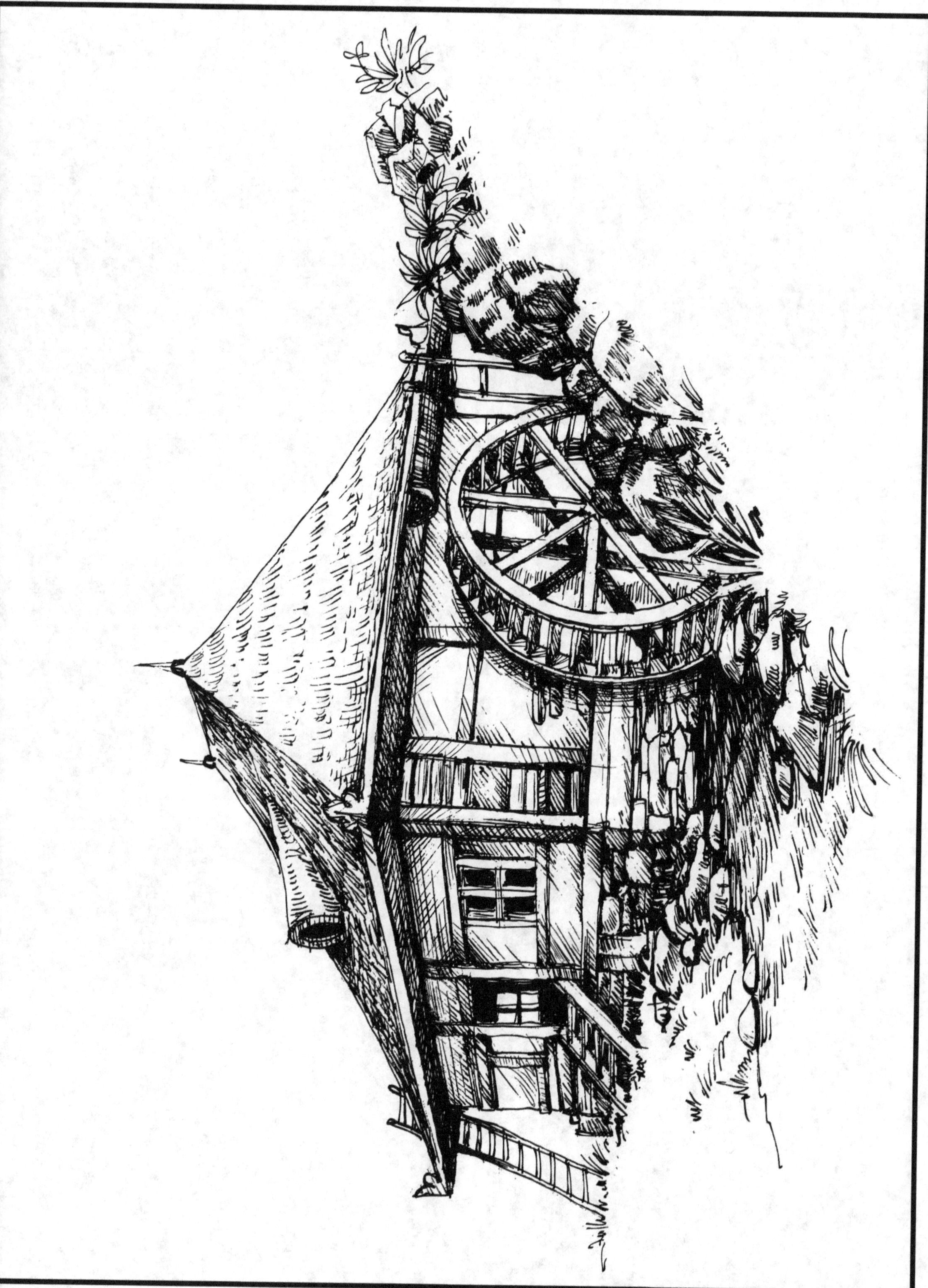

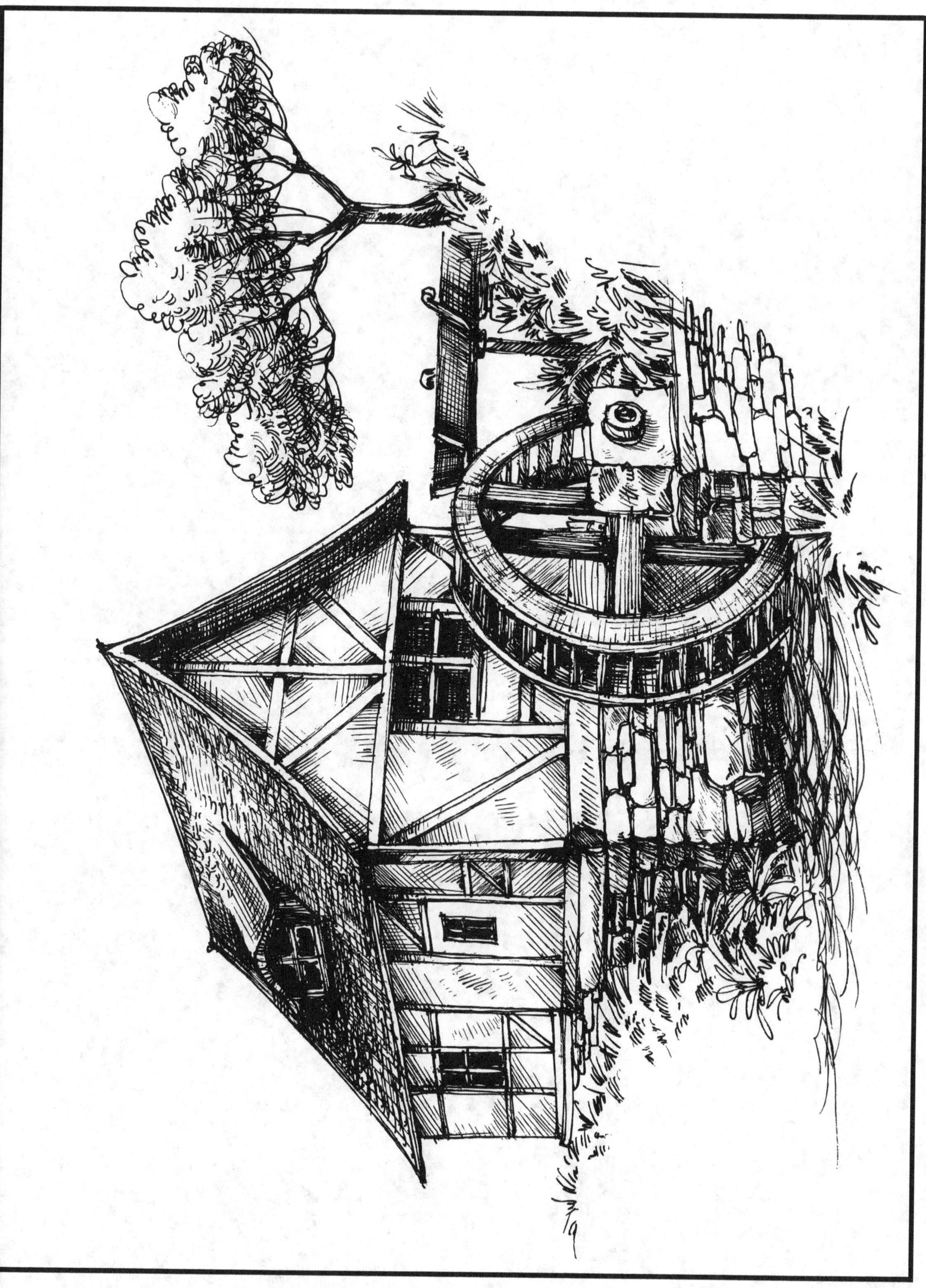

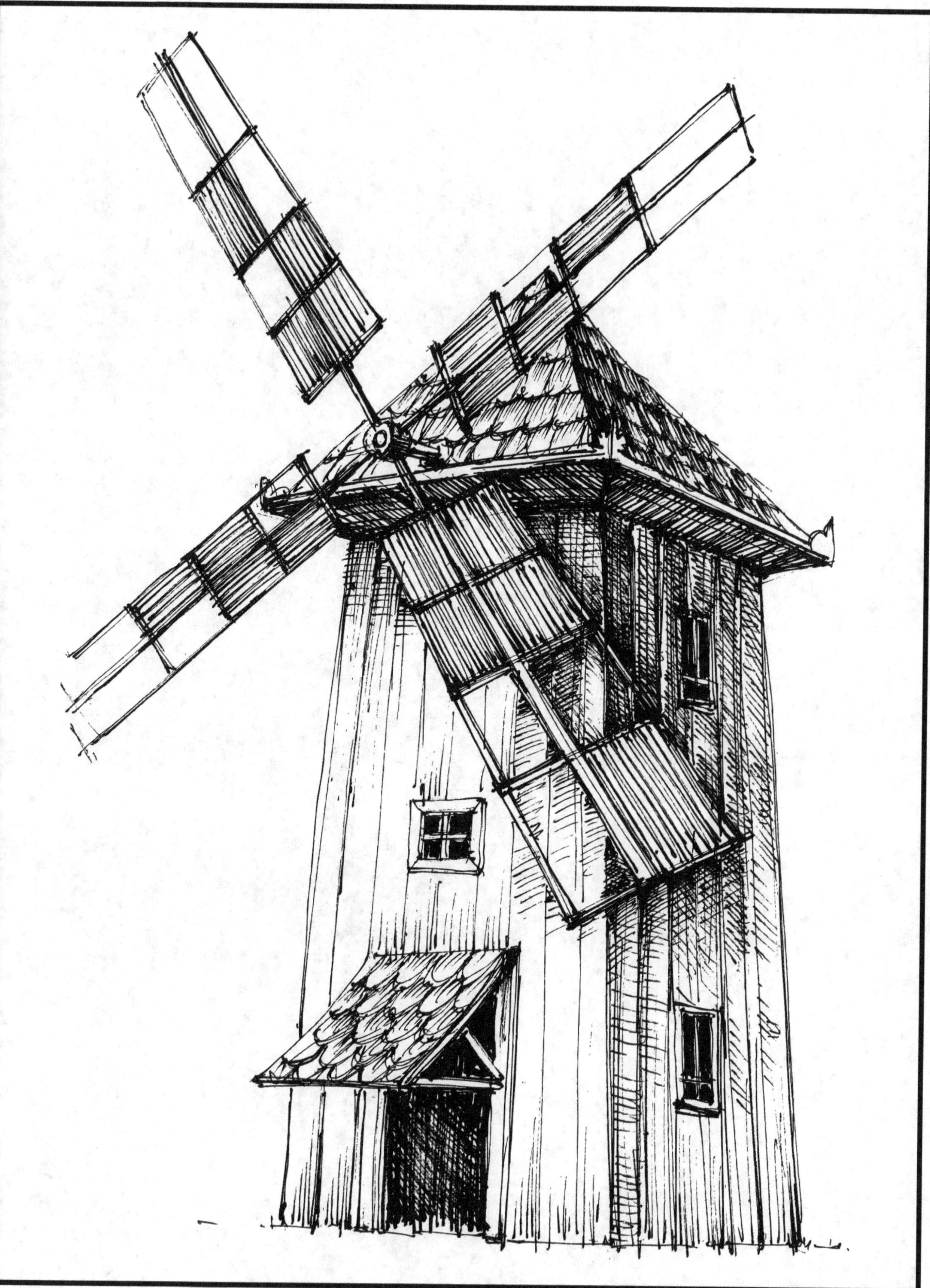

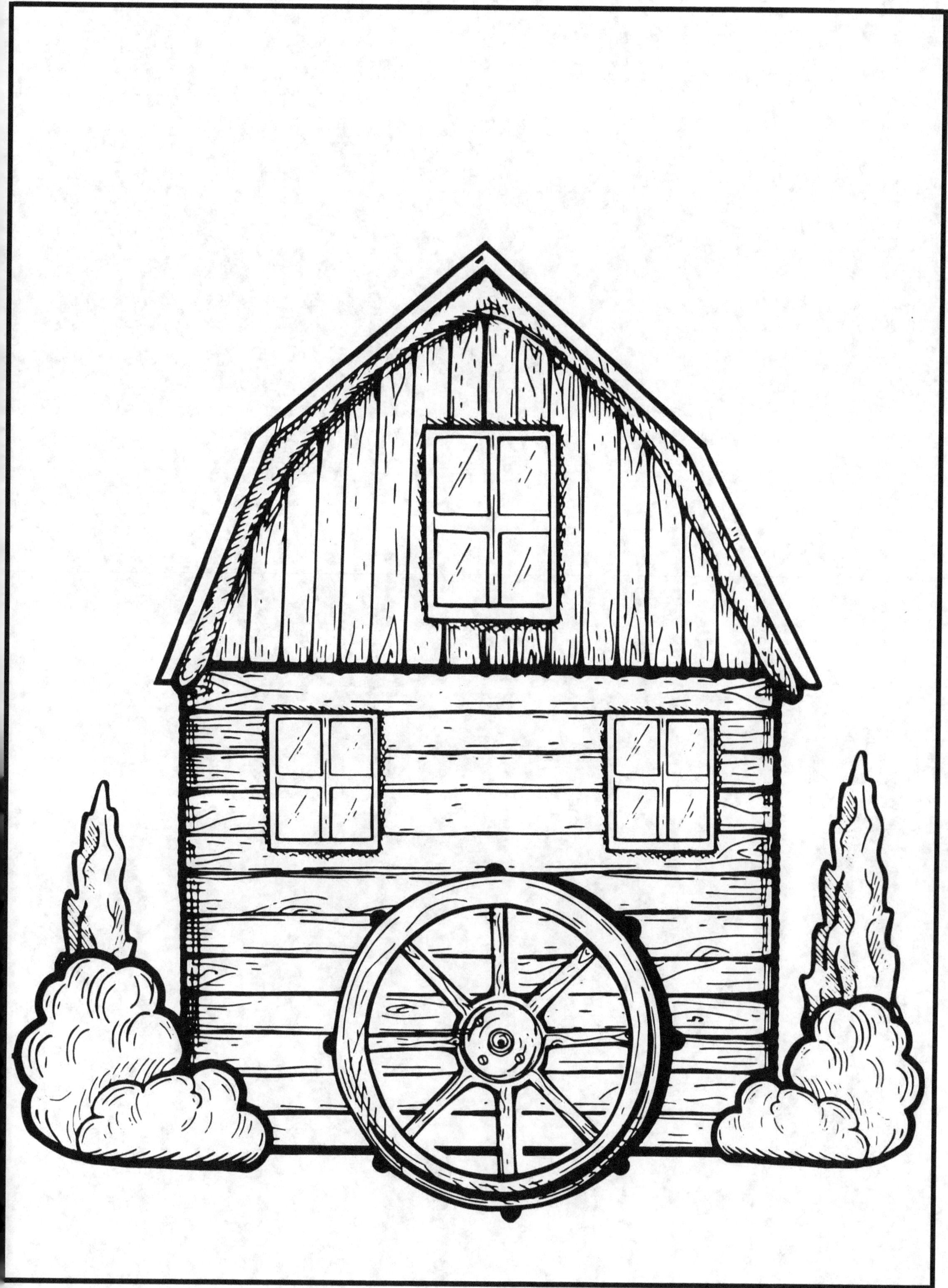

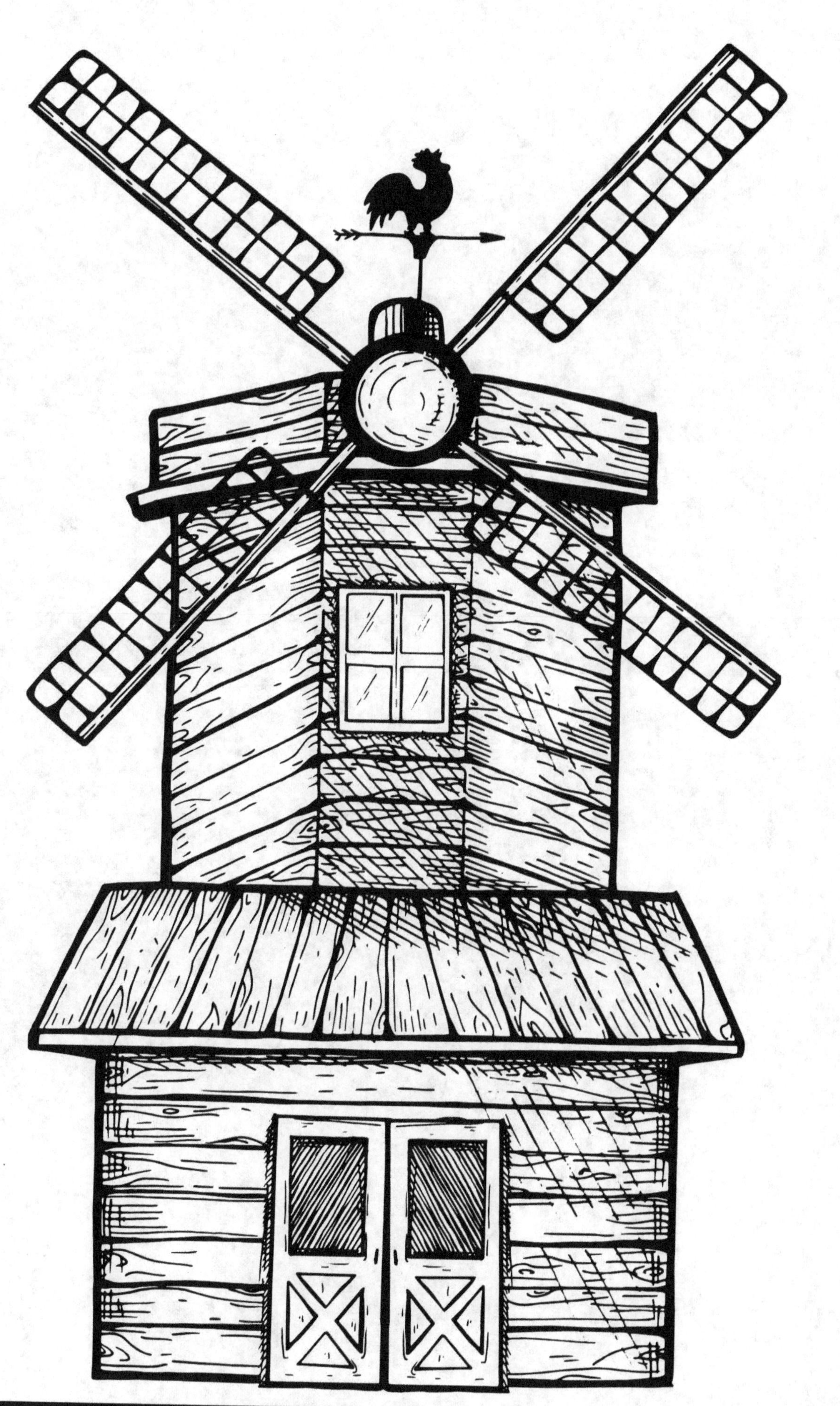

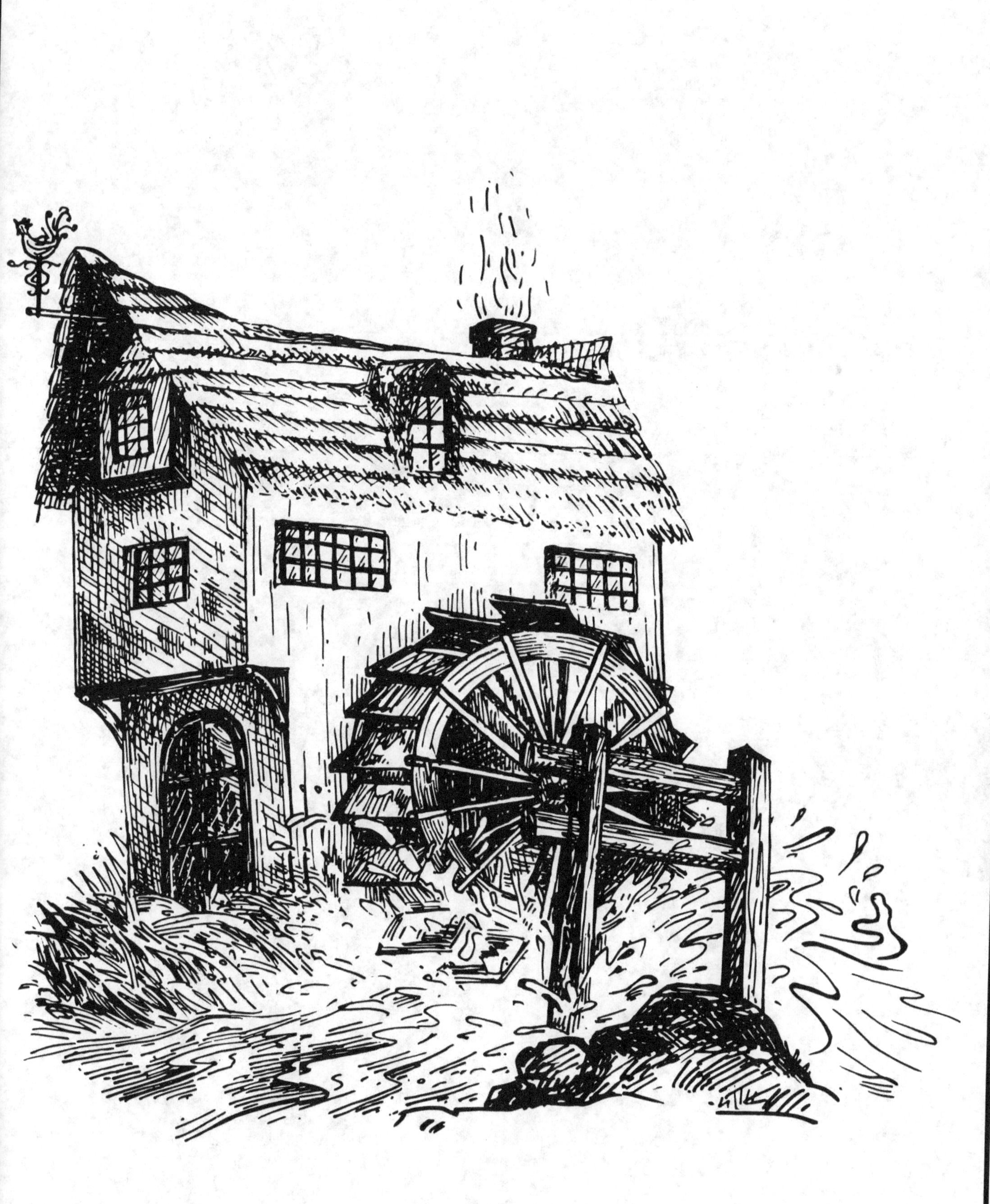

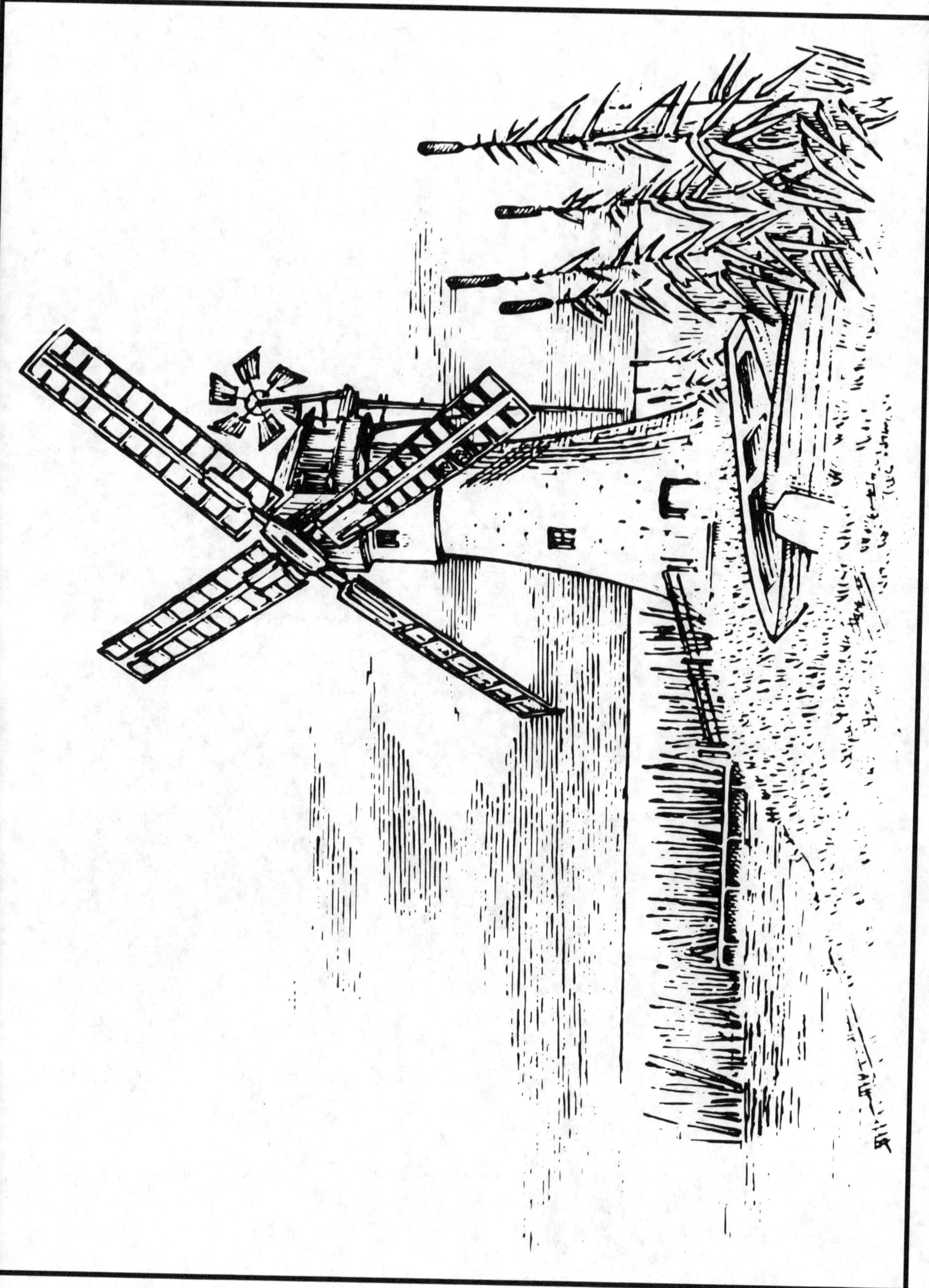

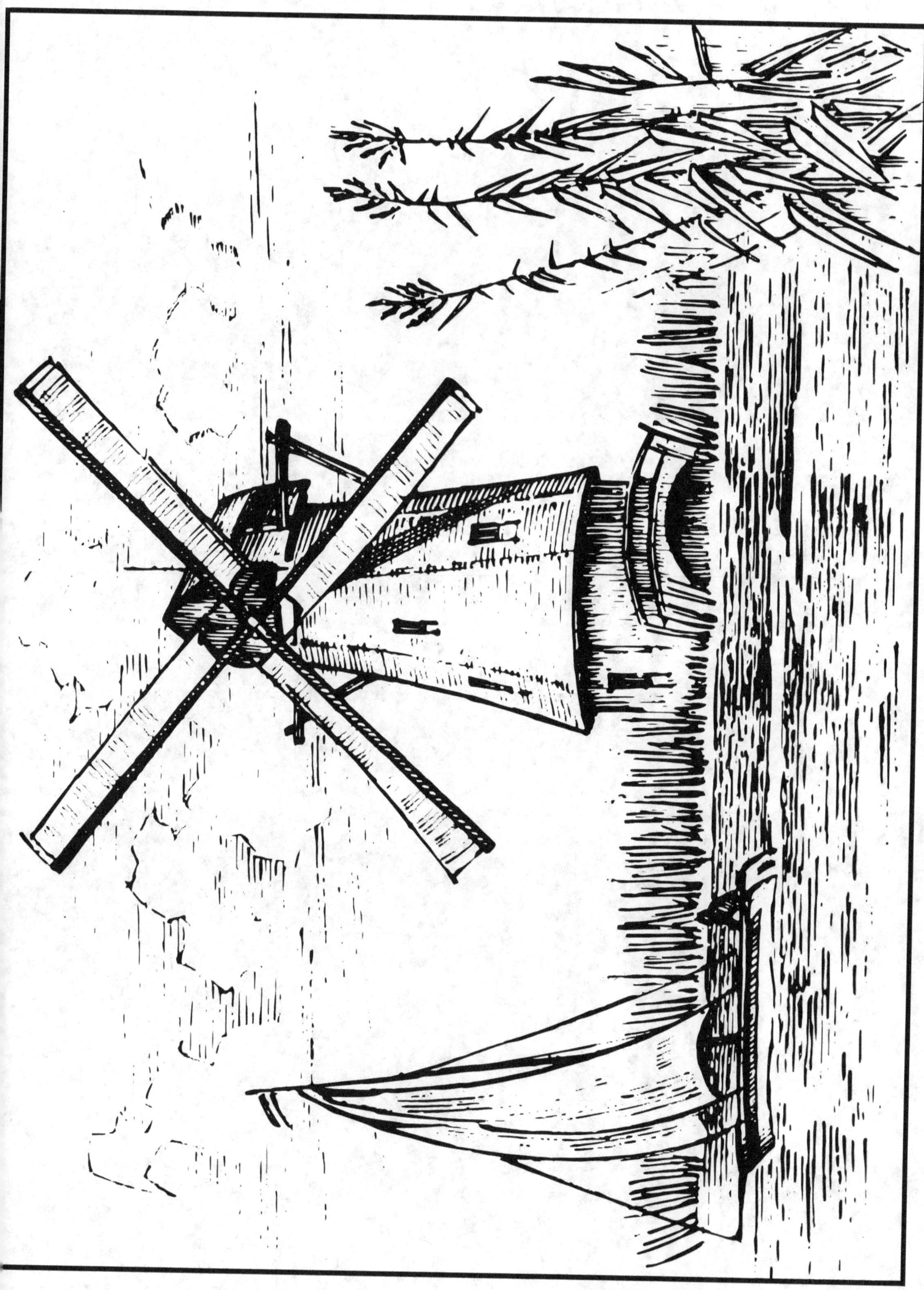

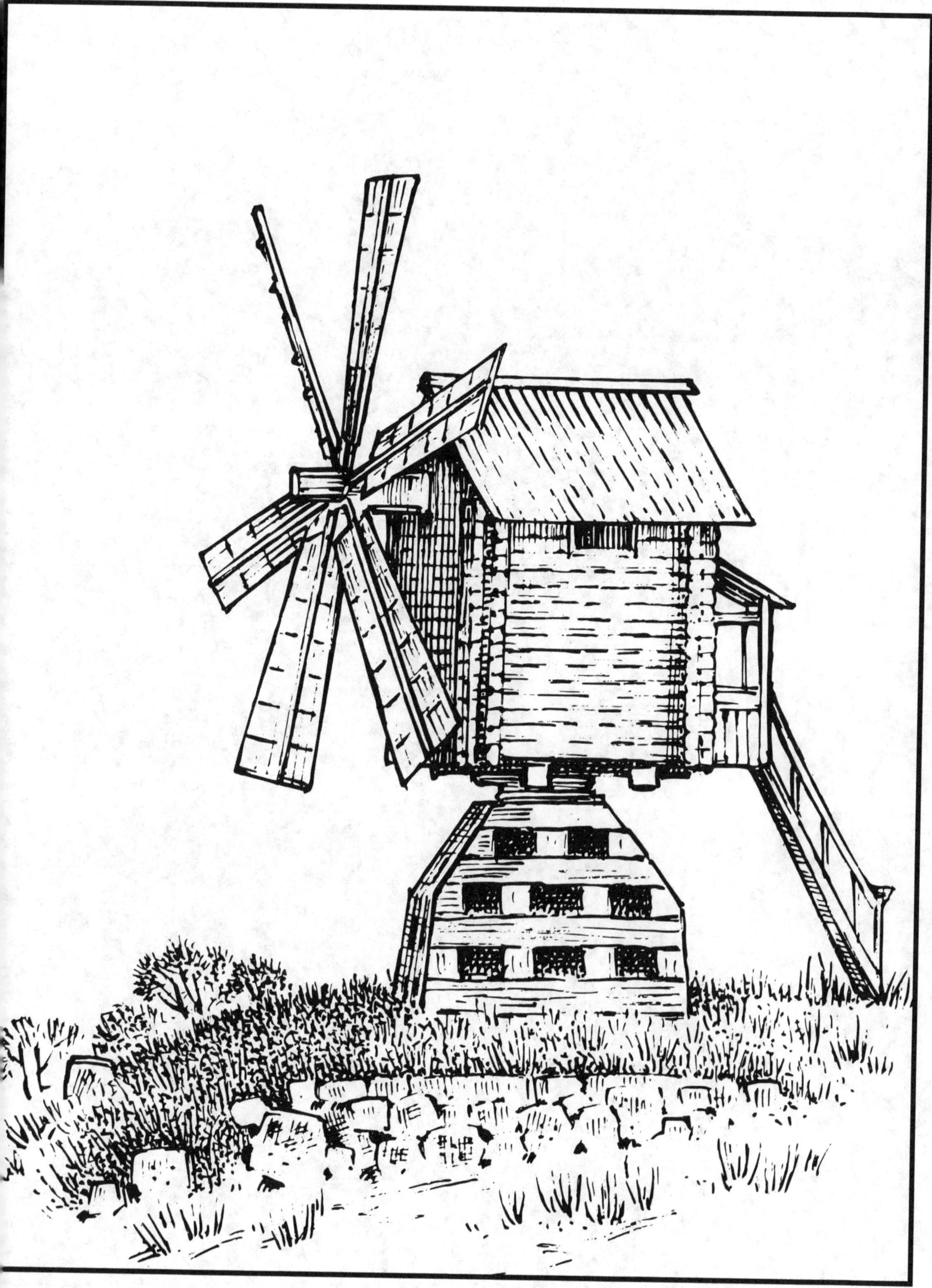

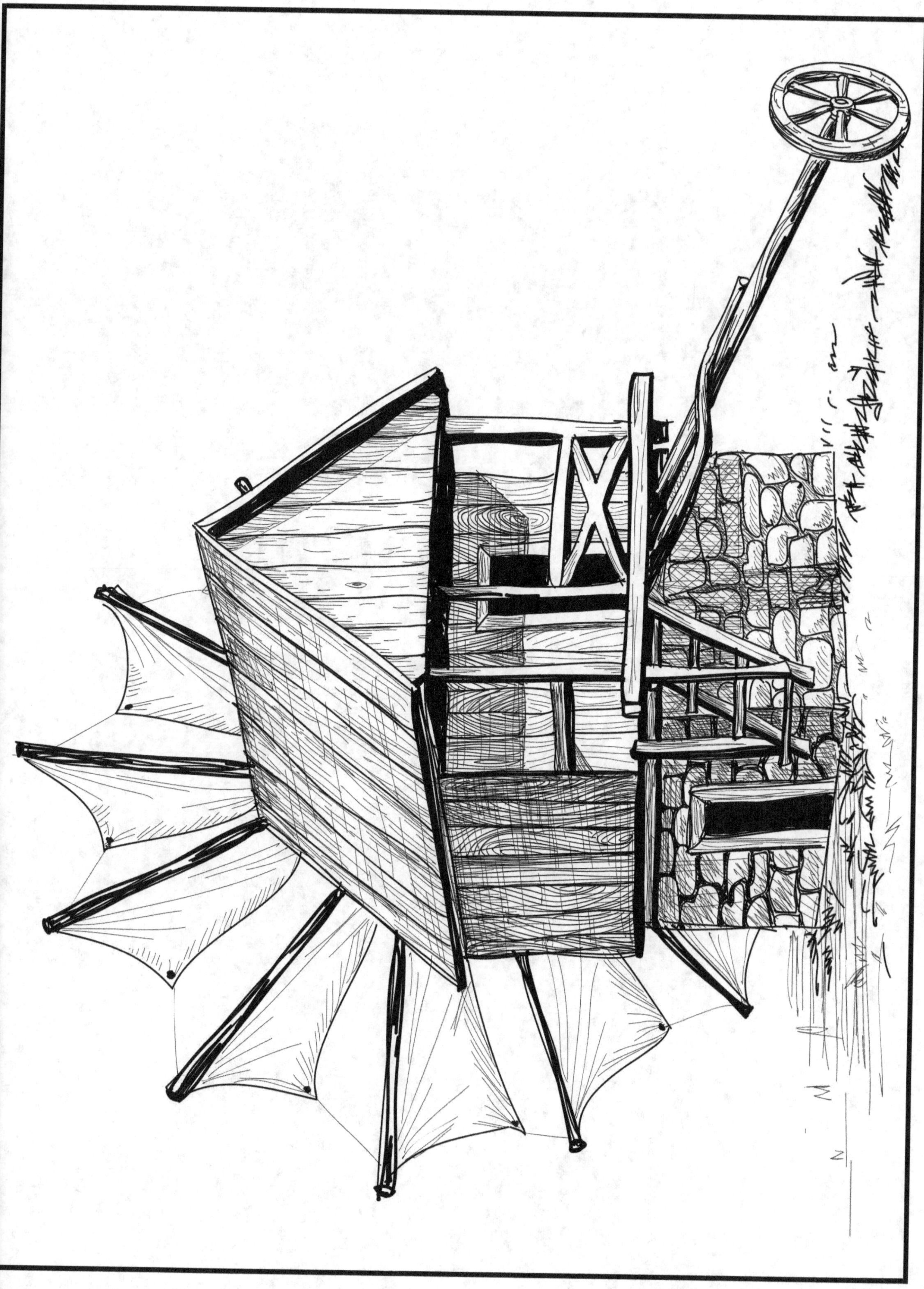

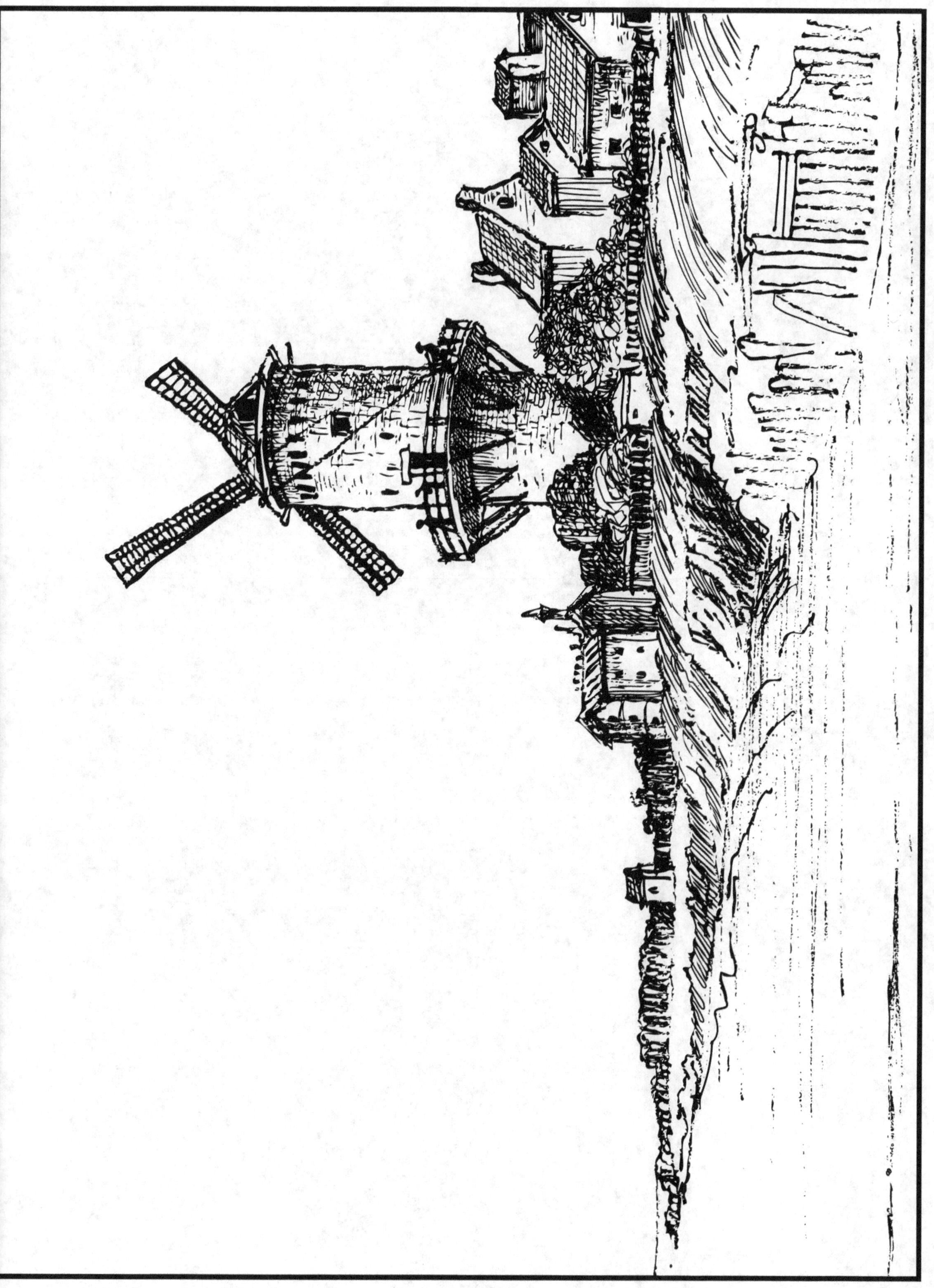

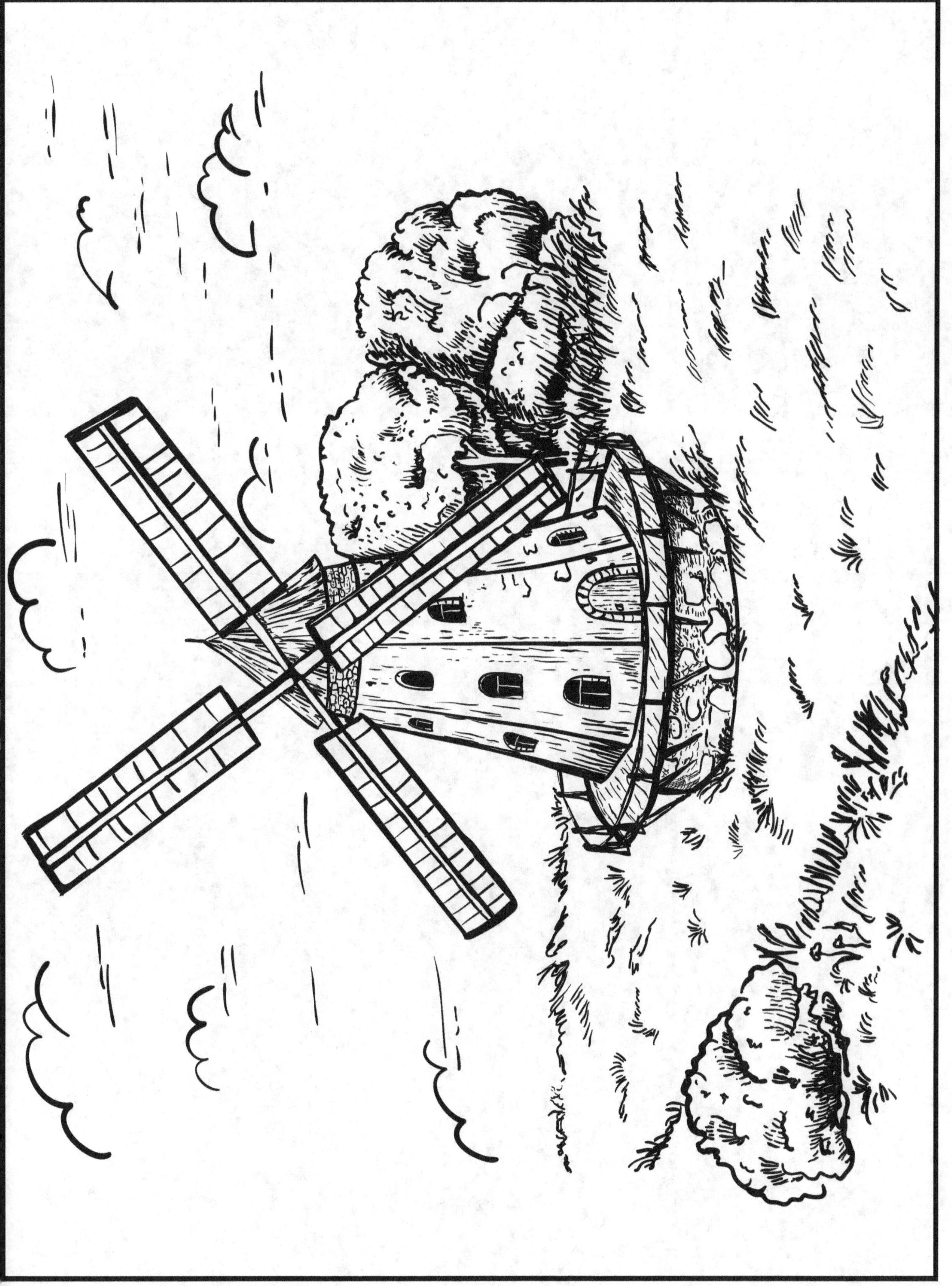

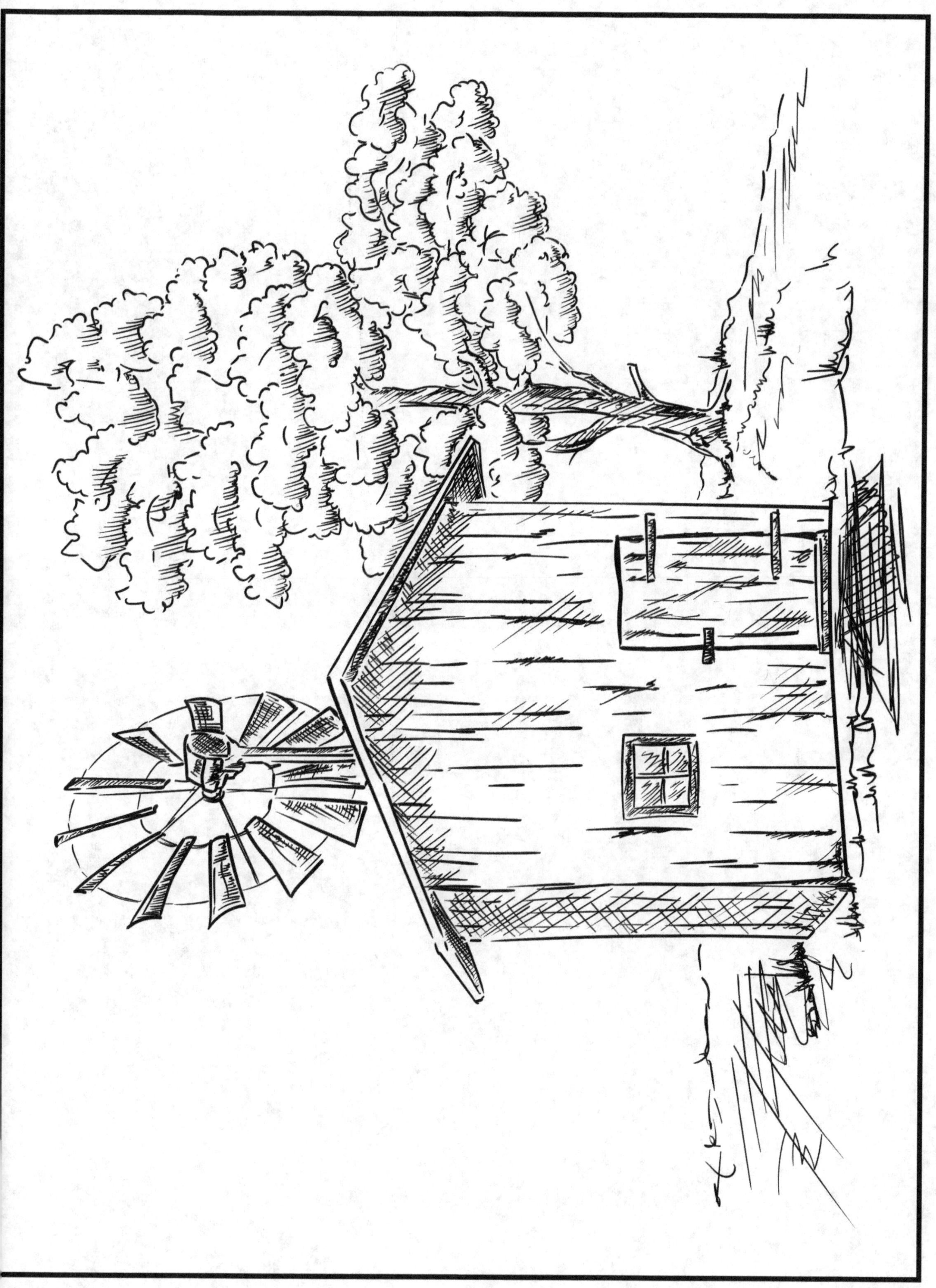

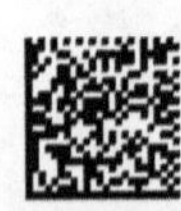